CHAQUE PIÈCE, 20 CENTIMES.
151ᵉ ET 152ᵉ LIVRAISONS.

THÉÂTRE CONTEMPORAIN ILLUSTRÉ

TH. MEYER.

LE PROPHÈTE

OPÉRA EN CINQ ACTES

PAROLES DE M. EUGÈNE SCRIBE, MUSIQUE DE M. G. MEYERBEER

REPRÉSENTÉ, POUR LA PREMIÈRE FOIS, A PARIS, SUR LE THÉÂTRE DE L'OPÉRA, LE 16 AVRIL 1849.

1530. Les anabaptistes désolèrent l'Allemagne au nom de Dieu.
1534. Le fanatisme n'avait point encore produit dans le monde une fureur pareille. Tous ces paysans, qui se croyaient prophètes, et qui ne savaient rien de l'Écriture, sinon qu'il faut massacrer sans pitié les ennemis du Seigneur, se rendirent les plus forts en Westphalie, qui était alors la patrie de la stupidité. Ils s'emparèrent de la ville de Munster, dont ils chassèrent l'évêque. Ils voulaient d'abord établir la théocratie des Juifs et être gouvernés par Dieu seul; mais un nommé Mathieu, leur principal prophète, ayant été tué, un garçon tailleur (d'autres disent cabaretier) nommé Jean de Leyde, né à Leyde en Hollande, assura que Dieu lui était apparu et l'avait nommé roi; il le dit et le fit croire.

La pompe de son couronnement fut magnifique; on voit encore de la monnaie qu'il fit frapper; ses armoiries étaient deux épées dans la même position que les clefs du pape. Monarque et prophète à la fois, il fit partir douze apôtres qui allèrent annoncer son règne dans toute la basse Allemagne, proclamant la communauté des biens et des femmes.

Ce roi prophète eut une vertu qui n'est pas rare chez les bandits et chez les tyrans, la valeur : il défendit Munster contre son évêque, Valdec, avec un courage intrépide pendant
1536. une année entière... Enfin, il fut pris les armes à la main par une trahison des siens...

VOLTAIRE, *Essai sur les mœurs*, etc., t. IV, ch. CXXXII, p. 280

DISTRIBUTION DE LA PIÈCE.

JEAN DE LEYDE.................. MM. ROGER.	UN SOLDAT.................... MM. PAULIN.
ZACHARIE...................... LEVASSEUR.	1ᵉʳ BOURGEOIS................. GUIGNOT.
JONAS......................... GUEYMARD.	2ᵉ BOURGEOIS................. MOLINIER.
MATHISEN...................... EUZET.	
LE COMTE D'OBERTHAL........... BRÉMONT.	FIDÈS......................... Mᵐᵉˢ PAULINE VIARDOT.
UN SERGENT.................... GENIBREL.	BERTHE....................... CASTELLAN.
1ᵉʳ PAYSAN..................... F. PRÉVOT.	1ᵉʳ ENFANT DE CHOEUR......... PONCHARD.
2ᵉ PAYSAN..................... KOENIG.	2ᵉ ENFANT DE CHOEUR......... COURTOT.

ACTE I.

Le théâtre représente les campagnes de la Hollande aux environs de Dordrecht. Au fond, on aperçoit la Meuse; à droite, un château-fort avec pont-levis et tourelles; à gauche, fermes et moulins dépendant du château. Du même côté, sur le premier plan, des sacs de blé, des tables rustiques, des bancs, etc.

SCÈNE I.

Au lever du rideau, un paysan jouant de la cornemuse, appelle les ouvriers du moulin et de la ferme au repas du matin. Ils arrivent de différents côtés, et s'asseyent devant des tables où leurs femmes les servent.

CHŒUR.

La brise est muette!..
D'échos en échos
Sonne la clochette
De nos gais troupeaux.
Trop longtemps l'orage
Attrista nos cœurs,
D'un jour sans nuage
Goûtons les douceurs!

GARÇON DU MOULIN.

Le vent qui s'arrête
Arrête le moulin;
Que pour nous s'apprête
Le repas du matin.

CHŒUR.

La brise est muette, etc.

SCÈNE II.

Les Mêmes, BERTHE, *sortant d'une des maisons à droite, et s'avançant au bord du théâtre.*

CAVATINE.

Un espoir, une pensée,
Dont mon âme s'est bercée,
Fait rougir la fiancée
De trouble et de plaisir.
Demain! demain! O joie extrême,
A l'autel, un serment suprême
Doit m'unir à celui que j'aime;
Et sa mère, aujourd'hui même,
Pour me chercher va venir.
Oui sa mère, déjà la mienne,
Près de lui me conduit ce soir;
L'aimer devient mon devoir.
Saint hymen, douce chaîne
Qui vient imposer à mon cœur
L'amour et le bonheur.

SCÈNE III.

Les Mêmes, BERTHE, FIDÈS, *arrivant en costume de voyage.*

BERTHE, *courant au-devant d'elle.*

Fidès, ma bonne mère, enfin donc vous voilà!

FIDÈS.

Tu m'attendais!

BERTHE.

Depuis l'aurore!

FIDÈS.

Et Jean mon fils attend plus ardemment encore
Sa fiancée!... « Allez, ma mère, amenez-la! »
M'a-t-il dit... Et je viens!

BERTHE.

Ainsi, moi, pauvre fille,
Orpheline et sans biens, il m'a daigné choisir!

FIDÈS.

Des filles de Dordrecht, Berthe est la plus gentille
Et la plus sage! Et je veux vous unir.
Et je veux, dès demain, que Berthe me succède
Dans mon hôtellerie et dans mon beau comptoir,
Le plus beau, vois-tu bien, de la ville de Leyde.
Hâtons-nous... car mon fils nous attend pour ce soir!

BERTHE.

Reposez-vous, d'abord!

FIDÈS.

Que Dieu nous soit en aide.

Partons!

BERTHE.

Non pas vraiment!... Vassale, je ne puis
Me marier, ni quitter ce pays
Sans la volonté souveraine
Du comte d'Oberthal, seigneur de ce domaine,
Dont vous voyez d'ici les créneaux redoutés!

FIDÈS.

Alors auprès de lui, courons...Viens!
Elle veut l'entraîner vers le château, à droite.

BERTHE, *prêtant l'oreille.*

Écoutez!

Au moment où Berthe et Fidès viennent de franchir les marches de l'escalier qui conduit au château, on entend au dehors un air de psaume, puis paraissent au haut de l'escalier trois anabaptistes.

SCÈNE IV.

LES MÊMES, ZACHARIE, JONAS, MATHISEN.

FIDÈS, *à demi-voix à Berthe, et redescendant avec crainte les marches de l'escalier.*

Quels sont ces hommes noirs aux figures sinistres?

BERTHE, *de même.*

On dit que du Très-Haut ce sont de saints ministres,
Qui depuis quelque temps parcourent nos cantons,
Répandant parmi nous leurs doctes oraisons!

JONAS, MATHISEN *et* ZACHARIE *à voix haute.*

Iterum ad salutares undas,
Ad nos, in nomine Dei,
Ad nos venite, populi!

TOUS.

Écoutez! écoutez le ciel qui les inspire;
Dans leurs traits égarés voyez quel saint délire.

LES TROIS ANABAPTISTES.

O peuple impie et faible! O peuple misérable!
Que l'erreur aveugla, que l'injustice accable!

ZACHARIE.

De ces champs fécondés longtemps par vos sueurs
Voulez-vous être enfin les maîtres et seigneurs?

LES TROIS ANABAPTISTES.

Ad nos, venite populi!

JONAS, *à un des paysans lui montrant le château.*

Veux-tu que ces castels, aux tourelles altières,
Descendent au niveau des plus humbles chaumières?

LES TROIS ANABAPTISTES.

Ad nos venite, populi!

MATHISEN.

Esclaves et vassaux, trop longtemps à genoux,
Ce qui fut abaissé se lève!... Levez-vous!

PLUSIEURS PAYSANS.

Ainsi ces beaux châteaux?...

ZACHARIE.

Ils vous appartiendront!

D'AUTRES PAYSANS.

La dîme et la corvée...

MATHISEN.

Elles disparaîtront!

D'AUTRES PAYSANS.

Et nous, serfs et vassaux....

MATHISEN.

Libres en ce séjour!

D'AUTRES PAYSANS.

Et nos anciens seigneurs?

JONAS.
Esclaves à leur tour!
ENSEMBLE.

CHŒUR *de paysans se parlant entre eux à demi-voix.*
Ils ont raison, écoutons bien!
Ce sont vraiment des gens de bien!
Nous voilà maîtres tout à coup;
Nous n'avions rien, nous aurons tout.
Sans travailler, nous aurons tout.
Plus d'oppresseurs en ce séjour;
Nous le serons à notre tour.
Nous sommes forts, nous sommes grands!
Excepté nous, plus de tyrans!
LES TROIS ANABAPTISTES.
Iterum ad salutares undas,
Ad nos, in nomine Dei,
Ad nos venite, populi.
LES PAYSANS, *s'échauffant et s'animant peu à peu.*
Malheur à qui nous combattrait!
C'est un impie, et son supplice est prêt;
Le ciel qui nous protège a dicté son arrêt.
LES TROIS ANABAPTISTES, *avec exaltation.*
O roi des cieux, à toi cette victoire!
Dieu des combats, marche avec nous!
Les nations verront ta gloire,
Ta sainte loi luira pour tous!
Dieu le veut! Dieu le veut! Marchez, et suivez-nous!
De la liberté sainte, enfin voici le jour.
De notre Germanie elle fera le tour.
Dieu le veut!
TOUS LES PAYSANS, *avec fureur.*
Aux armes! Au martyre!!
Marchons!... marchons!... Vaincre ou mourir!
Tous les paysans, excités par les trois anabaptistes, se sont armés de fourches, de pioches, de bâtons, et s'élancent sur les marches de l'escalier qui conduit au château.

SCÈNE V.

Les portes du château s'ouvrent; Oberthal sort; il est entouré de seigneurs ses amis, avec lesquels il cause en riant. A sa vue les paysans s'arrêtent; ceux qui avaient gravi les marches de l'escalier les redescendent avec effroi, et cachent les bâtons dont ils s'étaient armés.
Oberthal s'avance tranquillement au milieu des paysans qui le saluent.
CHŒUR DE PAYSANS, *ôtant leur chapeau.*
Salut! salut au noble châtelain!
OBERTHAL, *regardant le groupe des anabaptistes.*
Quels accents menaçants, quels cris sombres et tristes
Troublent jusqu'en nos murs la gaîté du festin!
S'approchant d'eux.
Ceux-là ne sont-ils pas de ces anabaptistes,
Ces fougueux puritains, ces ennuyeux prêcheurs,
Semant partout, dit-on, leurs dogmes imposteurs?
PLUSIEURS SEIGNEURS.
Ils nous divertiront peut-être,
Écoute-les.
LES TROIS ANABAPTISTES.
Malheur!... Malheur!
A celui dont les yeux ne s'ouvrent qu'à l'erreur!
OBERTHAL, *regardant Jonas.*
Eh! mais, je crois le reconnaître;
Oui, c'est maître Jonas, mon ancien sommelier,
Que j'ai de ce château chassé par la fenêtre!
Il me volait mon vin, dont il se disait maître.
Aux soldats qui l'accompagnent, montrant les trois anabaptistes.
Que le fourreau du sabre aide à les châtier!
TOUS TROIS, *avec indignation.*
Un supplice infamant!
OBERTHAL, *à Zacharie.*
Et je vous fais suspendre

A ces nobles créneaux, vous et vos compagnons,
Si vous reparaissez jamais dans ces cantons!
Aux soldats.
Qu'on les chasse! Éloignez sa figure infernale!
Apercevant Berthe qui s'avance timidement et fait la révérence.
Ah! celle-ci vaut mieux. Approche, ma vassale.
Aux seigneurs ses amis.
Tous ces vins généreux, que j'ai bus à longs traits,
Enivrent ma raison et doublent ses attraits.
A Berthe.
Parle! Que me veux-tu?
BERTHE, *bas à Fidès.*
Ma mère, j'ai bien peur!
FIDÈS.
Ne crains rien; je suis là pour te donner du cœur!
FIDÈS *et* BERTHE, *à Oberthal.*
ROMANCE, *à deux voix.*
PREMIER COUPLET.
Un jour dans les flots de la Meuse
J'allais périr... Jean me sauva!
Orpheline et bien malheureuse,
Dès ce jour il me protégea!
Je connais votre droit suprême;
Mais Jean m'aime de tout son cœur...
Ah! permettez qu'aussi je l'aime!
Le voulez-vous, mon bon seigneur?
Mon doux seigneur!

DEUXIÈME COUPLET.
Vassale de votre domaine,
Je suis sans fortune et sans bien
Et Jean, que son amour entraîne,
Veut m'épouser, moi qui n'ai rien!
Voici sa mère qui réclame
Pour son fils, ma main et mon cœur...
Permettez-moi d'être sa femme.
Le voulez-vous, mon bon seigneur?
Mon doux seigneur!
OBERTHAL, *regardant Berthe avec amour.*
Eh quoi! tant de candeur, d'attraits et d'innocence
Seraient perdus pour nous et quitteraient ces lieux!
A Berthe.
Non; ta beauté mérite un sort plus glorieux.
Pour toi, pour ton bonheur, usant de ma puissance,
Je refuse...
CHŒUR DE PAYSANS, *poussant un cri d'indignation.*
Grands dieux!
BERTHE, *se jetant dans les bras de Fidès.*
Ah! quelle horreur!
FIDÈS, *s'élançant au milieu des paysans.*
Ah! quel malheur!
OBERTHAL, *à droite, à ses amis.*
C'est à moi qu'appartient tant de grâce et de charmes,
Mon cœur a son aspect bat d'un transport soudain.
Fidès à gauche, au milieu des paysans, leur fait honte de leur lâcheté, les supplie de défendre Berthe, et de réclamer justice pour elle. Les paysans, excités par ses reproches, s'avancent d'un air résolu et menaçant vers leur seigneur, qui, sans les voir, cause avec ses amis. A leur approche Oberthal se retourne; ses vassaux s'arrêtent interdits et tremblants.
OBERTHAL, *s'avançant sur eux et les faisant reculer.*
Croyez-vous, par hasard, m'inspirer des alarmes?
Je l'ai dit, je le veux, moi seigneur châtelain!
Vos cris sont moins puissants que Berthe et que ses larmes!
Soumettez-vous d'abord, et nous pourrons après
Céder aux pleurs, peut-être: — aux menaces, jamais!
Pendant ces derniers vers, de jeunes pages de la suite d'Oberthal ont entouré Berthe et Fidès, qu'ils entraînent dans le château. Oberthal et ses amis les suivent, et derrière eux se referment les portes du château. Les paysans, muets de surprise et de frayeur, se retirent en silence et la tête baissée. Tout à coup on entend dans le lointain le psaume des anabaptistes. Ceux-ci paraissent

au fond du théâtre; le peuple court au-devant d'eux et se prosterne à leurs pieds sur les marches de l'escalier, tandis que Zacharie, Jonas et Mathisen menacent du regard et du geste le château d'Oberthal.

Le théâtre change à vue.

ACTE II.

L'auberge de Jean et de sa mère dans les faubourgs de la ville de Leyde. Porte au fond, et croisée donnant sur la campagne. Portes à droite et à gauche. On entend au dehors un air de valse. Jean, tenant des brocs qu'il pose sur une table, sort de la chambre à droite et va ouvrir les portes du fond; il aperçoit devant cette porte et devant la croisée des paysans et des paysannes qui s'amusent à valser, et qui, toujours en valsant, entrent dans l'intérieur de la taverne; plusieurs se mettent à des tables et chantent le chœur suivant, tandis que les autres continuent toujours leurs danses.

SCÈNE I.

CHŒUR.

Valsons, valsons toujours,
La valse a mes amours!
Peine ou beauté cruelle,
Tout s'étourdit par elle.
Demain, danseurs joyeux,
Nous valserons bien mieux.
Demain Jean se marie
A Berthe son amie!
Valsons, valsons toujours,
Pour lui, pour ses amours!

PLUSIEURS DANSEURS, *s'arrêtant fatigués.*
Pour les danseurs, allons, Jean, de la bière!

JEAN, *leur en versant.*
En voici, mes amis!

Remontant le théâtre et regardant vers la porte du fond.
Le jour baisse et ma mère
Bientôt sera de retour
Avec ma fiancée... O Berthe! ô mon amour!

Pendant ce temps, Jonas, Mathisen et Zacharie sont entrés dans la taverne en s'approchant d'une table où sont assis plusieurs paysans.

L'UN D'EUX, *s'adressant à Jonas.*
Avec nous, mon révérend père!
Buvez-vous?

JONAS.
Volontiers!

JEAN, *à part et regardant toujours le fond du théâtre.*
Quand le bonheur m'attend,
D'où vient donc en mon cœur ce noir pressentiment?

JONAS, *regardant Jean qu'il n'a pas encore vu.*
O ciel!

MATHISEN et ZACHARIE.
Qu'avez-vous donc?

JONAS.
Regarde, Zacharie,
Ce jeune homme...

ZACHARIE, *avec étonnement.*
En effet...

MATHISEN, *de même.*
Oui ces traits... c'est frappant!

TOUS TROIS, *à voix basse.*
La ressemblance est inouïe!

JONAS.
Et devant moi, vivant, j'ai cru voir, à son air,
David, le roi David, qu'on adore à Munster!

MATHISEN.
Ce tableau qu'on révère en notre Westphalie,
Et qui fait tous les jours des miracles...

JONAS, *lui faisant signe de se taire, et s'adressant à quelques-uns des paysans qui sont à gauche.*
Ami!

Leur montrant Jean qui, rêveur, ne les regarde pas.
Quel est cet homme?

UN PAYSAN.
Jean, le maître du logis!
Son cœur est excellent, et son bras est terrible!

JONAS, *toujours à demi-voix au paysan.*
Il s'exalte?

LE PAYSAN.
Aisément!

JONAS, *de même.*
Il est brave?

LE PAYSAN.
Et dévot!
Il sait par cœur toute la Bible!

JONAS, *à ses deux compagnons, s'asseyant près de la table à gauche, à demi-voix.*
Amis! n'est-ce pas là quel qu'il nous faut?

TOUS TROIS.
Celui qu'à nous aider appelle le Très-Haut!

Ils continuent à causer à voix basse; pendant ce temps les paysans reprennent le chœur et la valse.

La nuit déjà couvre la terre,
Et chez soi le repos est doux;
J'attends Berthe et ma mère;
Partez, amis, retirez-vous!

CHŒUR.
Partons; il attend sa belle!
Son cœur bat d'amour et d'espoir;
Partons! Qu'il reste avec elle!
Bonsoir, ami, bonsoir!

Ils sortent tous en valsant, et la valse continue encore dans le lointain, après qu'ils sont partis. Restent en scène les trois anabaptistes, et Jean qui va s'asseoir, rêveur, près de la table à droite.

SCÈNE II.

JONAS, MATHISEN, ZACHARIE *se lèvent et s'approchent de* JEAN.

JONAS, *lui frappant sur l'épaule.*
Ami Jean, quel nuage obscurcit ta pensée?

JEAN.
J'attends ma mère avec ma fiancée;
Leur retard m'inquiète, et déjà l'autre nuit
Un sinistre présage a troublé mon esprit!

TOUS TROIS.
Qu'est-ce donc?... parle... ami!

JEAN.
Qu'ici votre science
Éclaire par pitié ma faible intelligence
Sur mille objets bizarres et confus,
Et que deux fois en dormant j'ai revus!

RÉCITATIF.
Sous les vastes arceaux d'un temple magnifique,
J'étais debout!... le peuple à mes pieds prosterné,
Et du bandeau royal mon front était orné!
Mais pendant qu'ils disaient, dans un pieux cantique,
C'est David! le Messie... et le vrai fils de Dieu!
Je lisais sur le marbre, écrits en traits de feu:
Malheur à toi!!! Ma main voulait tirer mon glaive,
Mais un fleuve de sang et m'entoure et s'élève.
Pour le fuir, sur un trône en vain j'étais monté;
Et le trône et moi-même il a tout emporté!!!
Au milieu des éclairs, au milieu de la flamme,
Pendant qu'aux pieds de Dieu Satan traînait mon âme,
S'élevait de la terre une clameur : « Maudit!
» Qu'il soit maudit! »
Mais vers le ciel et dans l'abîme immense
Une voix s'éleva qui répéta : « Clémence!
» Clémence! »
Et ce cri fut le seul que le ciel entendit!

ENSEMBLE.

LES TROIS ANABAPTISTES.
Calme-toi, calme ta crainte!
Des élus la marque sainte

Sur ton front se trouve empreinte
Et sur toi veillent les cieux!
Sur ce songe prophétique,
Sur le sort qu'il pronostique,
Le ciel même à nous s'explique...
L'avenir s'offre à nos yeux!
JONAS.
Oui, la lumière céleste
Nous guide et ne nous trompe pas!
Jean!... tu régneras!
TOUS TROIS.
Jean!... tu régneras!!
JONAS.
Dieu par notre voix te l'atteste!
TOUS TROIS.
Jean! tu régneras!...
JEAN.
Moi, mes amis! vous n'y pensez pas!
ROMANCE.
1er COUPLET.

Il est un plus doux empire
Auquel dès longtemps j'aspire!
Toi, mon bien, mon seul bonheur!
Si je règne sur ton cœur,
Pour moi le plus beau royaume
Ne vaut pas ce toit de chaume,
Doux asile du plaisir,
Où je veux vivre et mourir,
Où Berthe sera toujours
Et ma reine et mes amours!

LES TROIS ANABAPTISTES.
Ah! quelle folie extrême!
Dédaigner le rang suprême!
Marche avec nous, suis nos pas
Et bientôt tu régneras.

2e COUPLET.

JEAN, *montrant la porte à gauche.*
Au lieu de pompe royale,
Pour sa chambre nuptiale,
J'ai cueilli la fleur des champs!
C'est ce soir que je l'attends!
Avec amour.
Ce soir, au plus beau royaume
Je préfère l'humble chaume,
Doux asile du plaisir,
Où je veux vivre et mourir,
Où Berthe sera toujours
Et ma reine et mes amours!
ENSEMBLE.
JEAN.
O joie! ô bonheur suprême!
D'être aimé de ce qu'on aime,
Je ne veux qu'elle ici-bas!
Loin de moi portez vos pas!
JONAS, MATHISEN, ZACHARIE.
Ah! quelle folie extrême!
Dédaigner le rang suprême!
Marche avec nous, suis nos pas
Et bientôt tu régneras!
Les anabaptistes sortent.

SCÈNE III.
JEAN, *seul.*
Ils partent!... grâce au ciel!... leur funeste présence
M'empêchait d'être heureux!
Remontant le théâtre.
Oui, demain, quand j'y pense,
Demain mon mariage!... ô riant avenir!...
S'approchant de la porte et des croisées du fond.
Eh! mais, quel bruit.... retentit à cette heure!
De loin d'ici n'entends-je pas

Le galop des coursiers, les armes des soldats?
Qui peut les amener dans mon humble demeure?

SCÈNE IV.
JEAN, BERTHE, *entrant en courant, pâle, nu-pieds et échevelée, elle court se jeter dans les bras de Jean.*
JEAN, *poussant un cri.*
Berthe!... ma bien-aimée! ah! d'où vient ton effroi?
BERTHE.
Des fureurs d'un tyran... sauve-moi... défends-moi!...
Comment fuir ses regards!...
Jean lui montre sous l'escalier un enfoncement caché par un rideau.
BERTHE, *près de l'escalier, et pendant que Jean regarde avec crainte au dehors.*
D'effroi, je tremble encore!
Au trépas viens m'arracher,
Dieu puissant, toi que j'implore
A leurs yeux viens me cacher.
Un sergent et des soldats paraissent à la porte du fond. Berthe se cache dans l'enfoncement à droite.

SCÈNE V.
LES MÊMES, UN SERGENT D'ARMES ET DES SOLDATS.
LE SERGENT.
Par l'ordre de mon maître, et non loin de ces rives,
Au château de Harlem je menais deux captives,
Quand près de ta chaumière, et dans un bois épais
Dont les sombres détours l'ont cachée à ma vue,
L'une soudain a fui!... qu'est-elle devenue?
Réponds!
JEAN.
Je n'en sais rien!...
LE SERGENT, *le regardant.*
Si vraiment, tu le sais,
Te taire est déjà trop d'audace!...
Tu me la livreras!
JEAN, *avec indignation.*
Moi! moi! plutôt mourir!
LE SERGENT, *avec dédain.*
Que m'importent tes jours? que veux-tu que j'en fasse?
Mais ta mère à l'instant à tes yeux va périr
Si tu ne parles pas...
JEAN, *étendant ses mains suppliantes.*
Ma mère!... grâce!... grâce!...
LE SERGENT *souriant.*
Ah! le moyen est bon!... vois! choisis?...
JEAN.
Ah! tyran!!!
Il reste quelques instants la tête cachée entre ses mains, et l'orchestre exprime les combats qui se livrent en lui.
LE SERGENT, *voyant qu'il hésite.*
Eh bien!
JEAN, *relevant la tête avec fureur.*
Qu'entre nous deux le ciel juge et décide,
Et qu'il fasse sur toi tomber le parricide!
Le sergent remonte le théâtre et fait signe à ses soldats d'amener Fidès. Pendant ce temps Berthe, pâle et tremblante, entr'ouvre le rideau à droite. Jean fait un pas vers elle; mais en ce moment on a traîné Fidès à la porte du fond, elle tombe à genoux en étendant les bras vers son fils; des soldats lèvent la hache sur sa tête. Jean se retourne, l'aperçoit; il pousse un cri, s'élance vers Berthe, la fait passer devant lui au moment où le sergent redescend le théâtre.
JEAN, *à Berthe, avec désespoir.*
Va-t'en!... va-t'en!...
Par le ciel ou par Satan
Va-t'en!
Le sergent reçoit dans ses bras Berthe à moitié évanouie ses soldats l'entraînent, et Jean tombe hors de lui, sur la chaise

à droite, près de la table. Fidès, qu'on a laissée libre, redescend le théâtre en chancelant.

SCÈNE VI.
JEAN, FIDÈS.

JEAN, *revenant à lui et se rappelant ce qui vient de se passer.*
Ah! qu'ai-je dit ! plutôt la mort... je la préfère,
Courons !...

FIDÈS, *tombant à ses genoux qu'elle embrasse.*
Mon fils! mon fils! sois béni dans ce jour !
    Ta pauvre mère
    Te fut plus chère
Que Berthe et que ton amour !
Tu viens de donner pour ta mère
Plus que ta vie, en donnant ton bonheur !
Que jusqu'au ciel s'élève ma prière,
Et sois béni, mon fils, béni dans le Seigneur !

JEAN, *froidement.*
Oui! j'ai fait mon devoir!

FIDÈS, *le regardant.*
        O mortelles alarmes!
Quel air morne et glacé !... dans tes yeux point de larmes!
Ta douleur n'ose-t-elle éclater devant moi?
Mais, moi je viens, mon fils, pour pleurer avec toi !

JEAN, *froidement.*
A quoi bon murmurer et se plaindre, ma mère ?
Il faut bien obéir aux nobles, aux seigneurs ;
Nos femmes et nos biens, nos enfants sont les leurs!
Nous devons, sous le joug, nous courber et nous taire.

FIDÈS.
Je n'aime pas, mon fils, t'entendre ainsi parler !
Quelque sombre projet t'agite?

JEAN.
        Non, ma mère!
Il est tard !... le repos est pour vous nécessaire !...
Laissez-moi !
Avec impatience.
    Je le veux!

FIDÈS.
        Ah! tu me fais trembler!
Je te laisse!
Avec tendresse.
    A demain!

JEAN, *d'un air froid et calme.*
    A demain !
Fidès entre dans la chambre à droite.

SCÈNE VII.

JEAN, *seul, cessant de se contraindre et éclatant.*
        O furies!
Qui déchirez mon cœur, venez, guidez mon bras !
Le ciel ne tonne pas sur ces têtes impies!
A moi donc de punir, à moi donc leur trépas !
Qui faut-il immoler?... qui frapper?... tous!!! je jure
De laver dans leur sang ma honte et mon injure!
Oui... leur sang! mais comment?...
On entend dans le fond le psaume des trois anabaptistes.

VOIX DES ANABAPTISTES.
    Au nom d'un Dieu vengeur,
Venez à nous! sinon, malheur à vous! malheur!

JEAN.
Ah! c'est Dieu qui m'entend!... Dieu qui me les envoi
Pour servir ma vengeance et me livrer ma proie!
Il va à la porte du fond qu'il ouvre doucement.

SCÈNE VIII.
JONAS, MATHISEN, ZACHARIE, JEAN.

JEAN, *à demi-voix.*
Entrez; ma mère dort! entrez et parlez bas.
Dans mes rêves tantôt, lisant le rang suprême,
Ne m'avez-vous pas dit : Suis-nous ! tu régneras?

JONAS.
Et nous t'offrons encore un diadème!
Sois roi!

JEAN.
Pourrai-je alors frapper mes ennemis?

MATHISEN *et* ZACHARIE.
A ta voix ils seront par nous anéantis!

JEAN.
Et pourrai-je immoler Oberthal?

JONAS.
        Ce soir même!

JEAN.
Que faut-il faire alors? parlez et je vous suis!

JONAS.
Gémissant sous le joug et sous la tyrannie,
Nos frères d'Allemagne attendent le Messie
Qui doit briser leurs fers! prêts à se soulever
    Au seul nom du prophète
Que Dieu leur a promis, et que j'ai su trouver !

JEAN.
Que dites-vous?

JONAS.
    Le ciel dont je suis l'interprète,
Le ciel nous a lui-même, à des signes certains,
Révélé cet élu marqué par les destins !
Avec force.
Jean ! Dieu t'appelle! Jean ! le ciel cette nuit même
Ne t'a-t-il pas dicté sa volonté suprême !

JEAN, *troublé.*
Tu dis vrai !

JONAS.
    Bien souvent te brisant sous sa loi,
N'est-ce pas son esprit qui s'empare de toi?

JEAN.
Tu dis vrai !

JONAS.
    Viens alors, viens avec nous, mon frère.

ENSEMBLE.
JONAS, MATHISEN, ZACHARIE.
Oui! c'est Dieu qui t'appelle et t'éclaire !
A tes yeux a brillé sa lumière,
En tes mains il remet sa bannière.
Avec elle apparais dans nos rangs,
Et des grands cette foule si fière
Va par toi se réduire en poussière,
Car le ciel t'a choisi sur la terre
Pour frapper et punir les tyrans!

JEAN.
Oui! le Dieu qui m'appelle et m'éclaire
A souvent dans la nuit solitaire,
A mes yeux fait briller sa lumière!
O mon Dieu! j'obéis, je me rends!
Oui! j'irai sous ta sainte bannière
A ta voix les réduire en poussière!
Car ton bras m'a choisi sur la terre
Pour frapper et punir les tyrans !

JONAS.
Ne sais-tu pas qu'en France, une chaste héroïne
Qu'inspiraient, comme toi, de saintes visions,
Jeanne d'Arc a sauvé son pays...

JEAN.
        Oui, marchons...
Tombe sur nos tyrans la vengeance divine !

ZACHARIE.
Mais, envoyé du ciel, songe bien désormais
Que tout lien terrestre est brisé pour jamais!
Que tu ne verras plus ton foyer ni ta mère !

JEAN.
Ma mère !

MATHISEN *et* ZACHARIE.
    Elle n'est plus pour toi qu'une étrangère!

JONAS.
Partons ou renonçons, amis, à nos projets!

JEAN.

Partir! sans voir ma mère!
JONAS, MATHISEN, ZACHARIE.
Il le faut, Dieu le veut!
JEAN.
Ah! pour grâce dernière
Avant de m'éloigner que je la voie encor!
S'approchant de la porte à droite.
Du silence!.. elle dort!
Il avance la tête et écoute.
Et pendant son sommeil, murmure une prière!
Écoutant plus attentivement.
C'est pour moi qu'elle prie!
Écoutant et répétant à mesure les paroles.
Oui, pour lui son enfant!
Et son enfant la fuit et la délaisse!..
Non, non... partez sans moi! je reste à sa vieillesse!
Ma mère est le seul bien qui me reste à présent!
TOUS TROIS, *à demi-voix.*
Et la vengeance!!!
Et l'espérance
De voir tomber nos oppresseurs!
JEAN, *regardant toujours à droite avec douleur et regret.*
Ma mère!
TOUS TROIS, *de même.*
Et la couronne
Que le ciel donne
A ses élus! à ses vengeurs!
JEAN, *de même.*
Ma mère!
TOUS TROIS.
O sainte extase
Qui nous embrase,
D'un vain amour brise les nœuds.
Viens! Dieu t'appelle,
Palme immortelle
Pour toi descend du haut des cieux!
JEAN, *aux trois anabaptistes.*
Un seul... un seul instant de grâce!
TOUS TROIS.
Voici l'heure!.. viens, suis nos pas.
JEAN.
Prêt à partir, qu'au moins son fils l'embrasse.
Il fait un pas dans la chambre et revient vivement.
Non, si je l'embrassais je ne partirais pas!
Adieu tout mon bonheur!
TOUS TROIS, *à demi-voix et l'entraînant.*
Et la vengeance!
Et l'espérance
De voir tomber nos oppresseurs!
JEAN, *entraîné par eux et tendant les bras vers la chambre à droite et à demi-voix.*
Ma mère!
TOUS TROIS, *l'entraînant toujours.*
Et la couronne
Que le ciel donne
A ses élus, à ses vengeurs!
JEAN, *de même.*
Ma mère!
ENSEMBLE.
JONAS, MATHISEN, ZACHARIE.
O sainte extase
Qui nous embrase,
Viens le guider dans les combats!
Oui, Dieu t'appelle;
Soldat fidèle,
Entends sa voix et suis nos pas!
Viens, suis nos pas!
JEAN, *que l'on entraîne.*
Adieu, ma mère
Et ma chaumière!
Je ne dois plus vous voir, hélas!
O mon village!
O douce image!
Oui, dans mon cœur tu resteras!
Ils entraînent Jean, la toile tombe.

ACTE III.

..e camp des anabaptistes dans une forêt de la Westphalie. En face du spectateur, un étang glacé qui s'étend à l'horizon et se perd dans les brouillards et dans les nuages. A droite et à gauche, une antique forêt dont les arbres bordent un côté de l'étang; de l'autre côté de l'étang, les tentes des anabaptistes. Le jour est sur son déclin. On entend dans le lointain un bruit de combat qui augmente et se rapproche. Des soldats anabaptistes se précipitent sur le théâtre par la droite; des femmes et des enfants sortant du camp, accourent à leur rencontre au moment où un autre groupe de soldats entre par la gauche, traînant, enchaînés, plusieurs prisonniers, hommes et femmes richement vêtus, hauts barons et dames châtelaines des environs, un moine, des enfants, etc.

SCÈNE I.

MATHISEN ET LE CHOEUR *montrant les prisonniers.*
CHOEUR.
Du sang! que Judas succombe!
Du sang! dansons sur leur tombe!
Du sang! voilà l'hécatombe
Que Dieu vous demande encor!
Frappez l'épi dès qu'il s'élève,
Frappez le chêne dans sa sève,
Qu'ils tombent tous sous notre glaive,
Car Dieu l'a dit, Dieu veut leur mort!
TOUS, *levant leurs bras au ciel.*
Gloire au Dieu des élus!
Te Deum laudamus!
MATHISEN.
Et les méchants couvraient la terre,
Et leurs forfaits sont expiés!
Et le prophète en sa colère,
Les renversa tous sous nos pieds!
CHOEUR.
Du sang! que Judas succombe!
Du sang! dansons sur leur tombe!
Etc., etc.
Les femmes et les enfants dansent autour des prisonniers qu'on a amenés au milieu du théâtre et qui tombent à genoux; les haches sont levées sur leurs têtes.

SCÈNE II.

LES MÊMES, MATHISEN.
MATHISEN, *se plaçant devant les prisonniers et s'adressant aux soldats.*
Arrêtez!
UN DES CHEFS ANABAPTISTES, *à Mathisen.*
Quoi! ton cœur connaît la pitié!
MATHISEN.
Non!
Mais ces nobles seigneurs peuvent payer rançon,
Qu'on les épargne!..
LES ANABAPTISTES.
Il a raison!
On emmène les prisonniers vers le camp qui est à gauche. En ce moment on entend, vers la droite, une marche brillante. C'est Zacharie revenant du combat avec un groupe d'anabaptistes.

SCÈNE III.

Les Mêmes, ZACHARIE, Soldats anabaptistes.

ZACHARIE.
Aussi nombreux que les étoiles
Ou bien que les flots de la mer,
En chasseurs, qui tendraient leurs toiles
Contre les aigles du désert,
Vers nos phalanges immortelles
Venaient les païens courroucés !...
Où donc sont-ils ?... Ils ont fui, dispersés !
Comme le sable, au désert !... Dispersés !
Dispersés !
Tous, dispersés !
Couvrant les monts, couvrant les plaines,
Leurs chars qu'on voyait défiler,
Pour nous lier traînaient des chaînes,
Des roseaux pour nous flageller !
Pour nous punir, pauvres esclaves,
Ces vaillants guerriers sont venus !
Où sont-ils, ces guerriers si braves ?...
Où donc sont-ils ?... Ils ne sont plus !

A la fin de ce couplet, les soldats anabaptistes, accablés de fatigue, se sont assis ou étendus sur la neige pour se reposer.

MATHISEN, *prenant Zacharie à part.*
Voici la fin du jour ! Nos fidèles soldats
Depuis l'aurore ont tous combattu !...

ZACHARIE.
Pour la gloire !

MATHISEN.
Aux estomacs à jeun elle ne suffit pas.

ZACHARIE.
Voici venir pour eux les fruits de la victoire !
Sur cet étang glacé, de tous les environs,
De nombreux pourvoyeurs, le front haut, le pied leste,
Accourent vers le camp !

MATHISEN.
C'est la manne céleste
Qui vient reconforter nos pieux bataillons.

On voit dans le fond du théâtre, défiler, sur l'étang glacé, des traîneaux attelés de chevaux, les petites voitures à quatre roues chargées de provisions : la fermière est assise sur la banquette de devant, et un homme debout, derrière elle, pousse le traîneau. Des hommes, des femmes et des enfants, portant sur leur tête des paniers ou des pots de lait, sillonnent l'étang glacé dans tous les sens et abordent auprès du camp.

ZACHARIE, *prenant à part Mathisen.*
Et toi pendant ce temps...
Il lui parle bas et lui remet un papier cacheté.
Va !... tu m'entends !
Mathisen sort par la droite.

CHOEUR DES ANABAPTISTES.
Voici les laitières,
Lestes et légères,
Sur leurs têtes fières
Portant leurs fardeaux ;
Leurs pieds avec grâce
Effleurant la glace
Sans laisser de trace
Glissent sur les flots.

CHOEUR DE PAYSANS ET DE PAYSANNES.
Pour vous nous quittons nos cabanes,
Pour vous servir nous venons en ce lieu !
Achetez ! achetez !... loin de nous les profanes !
Nous ne vendons qu'aux soldats du vrai Dieu !

CHOEUR DES ANABAPTISTES.
Voici les laitières,
Lestes et légères,
Etc., etc.

Les anabaptistes courent recevoir les provisions qu'on leur apporte et offrent en échange aux pourvoyeurs et aux jeunes filles des étoffes précieuses, des vases de prix, entassés dans le camp. Les jeunes filles, qui ont défait leurs patins, se mettent à danser, pendant que les soldats anabaptistes, qui se sont assis, boivent et mangent, servis par leurs femmes et leurs enfants. La nuit commence à descendre sur la forêt ; les paysans et les paysannes ont repris leurs patins, et on les voit au loin disparaître sur l'étang glacé.

ZACHARIE, *aux anabaptistes.*
Livrez-vous au repos, frères, voici la nuit.

Les anabaptistes s'éloignent. On place des sentinelles ; des patrouilles partent pour veiller autour du camp ; le théâtre change et représente la tente de Zacharie, une table, des sièges, etc., etc.

SCÈNE IV.

ZACHARIE, MATHISEN, *entrant ensemble par l'ouverture que les rideaux relevés forment au fond de la tente.*

ZACHARIE, *allant à lui.*
Ainsi que je l'avais prescrit,
Tu reviens de Munster !...

MATHISEN.
J'ai sommé de se rendre
Son gouverneur, le vieil Oberthal !

ZACHARIE.
Qu'a-t-il dit ?

MATHISEN.
Le château de son fils, par nous réduit en cendre,
L'a rendu furieux ; il ne veut rien entendre !
L'impie !...

ZACHARIE.
Il a beau faire, il cédera bientôt !

MATHISEN.
Oui, mais en attendant, si Munster nous résiste,
C'en est fait, dès demain, du dogme anabaptiste.
Car l'empereur accourt !

ZACHARIE.
Il faut donner l'assaut !
Prends trois cents de nos gens ! saisissons l'avantage
De la nuit...

MATHISEN, *hésitant.*
Mais pourtant...

ZACHARIE.
C'est l'arrêt du Très-Haut !
C'est l'ordre du Prophète ! Enflamme leur courage !
Promets-leur, en son nom, la gloire et le pillage
Mathisen sort.

SCÈNE V.

ZACHARIE, *regardant du côté où est la tente du Prophète.*
Idole populaire !... utile à nos desseins,
Et qu'après le succès renverseront nos mains !...
J'ignore quel projet... quel remords le tourmente ;
Mais Jean depuis hier, retiré sous sa tente,
Refuse de paraître !...

SCÈNE VI.

ZACHARIE, JONAS *et plusieurs soldats, se présentent à l'entrée de la tente, amenant* OBERTHAL.

JONAS, *s'adressant à Zacharie.*
Un voyageur errant
Que nous avons surpris aux environs du camp !

OBERTHAL, *avec embarras.*
Égaré dans la nuit et dans ce bois immense...

JONAS.
Il venait, a-t-il dit, se joindre à nous.

ZACHARIE.
Avance !
Est-ce vrai qu'en nos rangs tu venais t'engager ?

OBERTHAL, *à part.*
Laissons-lui son erreur ! seul moyen, je le pense,
De pénétrer plus tard à Munster sans danger !

TRIO.

OBERTHAL.
Sous votre bannière
Que faut-il faire ?
Je veux le savoir !

JONAS *et* ZACHARIE.
Tu veux le savoir?
Puisque tu persistes,
Des anabaptistes
Voici le devoir :
Jonas va chercher au fond de la tente un broc et des verres qu'il place sur la table.
ZACHARIE.
Le paysan et sa cabane
En tout temps tu respecteras !
OBERTHAL.
Je le jure !
ZACHARIE.
Abbaye ou couvent profane
Par le vin tu purifieras !
OBERTHAL.
Je le jure !
JONAS.
Ou baron, ou marquis, ou comte,
Au premier chêne tu pendras !
OBERTHAL.
Je le jure !
ZACHARIE.
Toujours et quel que soit leur compte,
Leurs beaux écus d'or tu prendras !
OBERTHAL.
Je le jure !
JONAS.
Du reste, en bon chrétien, mon frère,
Saintement toujours tu vivras !
ZACHARIE *et* JONAS, *allant à la table et versant du vin dans trois verres.*
Versez, versez, frères !
Le doux choc des verres
Fait les cœurs sincères
Et les vrais amis !
A part. Prudence et mystère...
Est-il bien sincère ?
Si par un faux frère
Nous étions trahis
OBERTHAL, *à part.*
Infâme repaire !
Race sanguinaire,
Au ciel et sur terre
Soyez tous maudits !
Aux anabaptistes.
J'y consens, mon frère.
Oui, le ciel m'éclaire :
Sous votre bannière
Je dois être admis !
JONAS.
Pour prendre Munster l'invincible,
Avec nous à l'instant tu marcheras !
OBERTHAL.
J'irai !
JONAS.
Et son gouverneur si terrible...
OBERTHAL.
Qui ?
ZACHARIE.
Le vieil Oberthal !
OBERTHAL, *à part*
Mon père !...
JONAS, *lui versant à boire.*
Massacré !
OBERTHAL, *à part.*
Juste ciel !...
JONAS.
Et son fils, si nous pouvons le prendre,
Aux créneaux des remparts par nous sera pendu !
Tu le jures ?...
OBERTHAL, *avec indignation.*
Qui ? moi ?

ZACHARIE, *avec colère.*
Par la Bible, veux-tu
Jurer avec nous de le pendre ?
OBERTHAL.
Je le jure !...
JONAS *et* ZACHARIE.
C'est bien !... c'est entendu !
ENSEMBLE.
JONAS *et* ZACHARIE.
Verse, verse, frère,
Puisque Dieu t'éclaire ;
Sous notre bannière
Tu seras admis !
Embrassons-nous, frères.
Le doux choc des verres
Fait les cœurs sincères
Et les vrais amis !
OBERTHAL.
Verse, verse, frère,
Oui, le ciel m'éclaire ;
Sous votre bannière
Je dois être admis !
A part.
O Dieu tutélaire,
Ta juste colère
Châtiera, j'espère,
De pareils bandits !
JONAS.
Mais pourquoi dans l'ombre
Demeurer ainsi ?
Chassons la nuit sombre
Qui nous couvre ici.
Tirant de sa poche un briquet qu'il se met à battre.
La flamme scintille,
Et grâce à ce fer,
Du caillou pétille
Et jaillit l'éclair.
Il allume une lampe qui est sur la table.
O douce rencontre,
Qui sans doute ici
L'un à l'autre montre
Les traits d'un ami !
A la lueur de la lampe qui vient de s'allumer tous trois se reconnaissent.
O ciel !
JONAS.
C'est lui !
OBERTHAL, *à part.*
Brigand !
ZACHARIE.
Oberthal !
JONAS.
Cet infâme !
OBERTHAL.
Mon sommelier, fils de Satan !
JONAS.
Mon ancien maître, mon tyran !
OBERTHAL.
Vous ! que tous deux l'enfer réclame.
ZACHARIE.
Toi qui fis couler notre sang !
ENSEMBLE.
JONAS *et* ZACHARIE.
Le ciel nous éclaire !
Réjouis-toi, frère,
A notre bannière
Que tu vois d'ici.
O destin prospère,
Tu seras, j'espère,
Pendu par un frère
Et par un ami !

OBERTHAL.
O Dieu tutélaire!
Ta juste colère
Châtiera, j'espère,
De pareils bandits!
Infâme repaire,
Race sanguinaire,
Au ciel et sur terre
Soyez tous maudits!

Les soldats qui étaient en sentinelle à la porte de la tente sont accourus au bruit et entraînent Oberthal.

ZACHARIE, *à Jonas.*
Qu'on le mène au suplice!...

Réfléchissant.
Ah! qu'un moine l'escorte!

JONAS.
Sans consulter le prophète!

ZACHARIE, *avec impatience.*
Il n'importe!

Apercevant Jean qui entre dans la tente par la droite.
C'est lui!... va-t-en.

Jonas sort par le fond. Jean entre par la droite, l'air pensif, et la tête baissée.

SCÈNE VII.
ZACHARIE, JEAN.

ZACHARIE, *s'approchant de Jean.*
Quel air pensif et soucieux,
Quand le guerrier prophète, inspiré par les cieux,
Apparaît dans sa gloire à l'Allemagne entière,
Comme l'ange vengeur que la France révère!...

JEAN.
Jeanne d'Arc sur ses pas fit naître des héros,
Et je n'ai sur les miens traité que des bourreaux!

ZACHARIE.
Dans le sang des tyrans ils vengent nos injures!

JEAN, *se parlant à lui-même et portant la main à son cœur.*
Alors donc, ô mon cœur, d'où vient que tu murmures,
Et pourquoi sous mes pieds cet abîme de feu?

A Zacharie.
Oui, je doute de vous, de moi-même et de Dieu.
Je n'irai pas plus loin!

ZACHARIE.
Qu'oses-tu dire?

JEAN.
Que je veux voir ma mère!

ZACHARIE.
Ou plutôt son trépas!
Car si tu la revois, ne t'en souvient-il pas,
Dans l'intérêt du ciel, à l'instant elle expire!

JEAN, *se levant et jetant son épée.*
Pour m'immoler d'abord reprenez donc ce fer!
Je vous le rends, adieu! L'Allemagne enchaînée
Est libre par mon bras; ma tâche est terminée!

ZACHARIE.
Jeanne a sacré dans Reims le roi qui lui fut cher;
Toi, tu dois être un jour couronné dans Munster!

JEAN, *avec force.*
Ma tâche est terminée,
Je n'irai pas plus loin!

ZACHARIE, *derrière lui, à part et portant la main à son poignard.*
Par Satan et l'enfer!...

SCÈNE VIII.

OBERTHAL, *la tête baissée, conduit par* JONAS *et des* SOLDATS, *traverse le théâtre au fond en dehors de la tente. Le moine qui a paru à la première scène est à côté d'Oberthal et l'exhorte: à ses côtés deux soldats portent des torches.*

JEAN, *se retournant.*
Où va ce prisonnier?

JONAS.
A la mort!

ZACHARIE, *aux soldats.*
Qu'il vous suive!

JEAN, *avec fierté.*
Qui peut dire: Il mourra, si moi, je dis: Qu'il vive!
Je lui fais grâce!...
Reconnaissant à la lueur des torches Oberthal qui entre dans la tente, il recule avec horreur.
Oberthal!...

ZACHARIE, *avec ironie.*
Ton courroux
Lui fait-il grâce encor?

JEAN.
Laisse-nous! laisse-nous!
Zacharie et Jonas sortent.

SCÈNE IX.
JEAN, OBERTHAL, SOLDATS *au fond du théâtre en dehors de la tente.*

JEAN, *à Oberthal.*
Le ciel à moi te livre!

OBERTHAL.
Il est juste!... mon crime
A mérité la mort; du haut de mes créneaux,
Berthe, pure et chaste victime,
Pour sauver son honneur, s'élança dans les flots!

JEAN, *avec fureur.*
Morte!

OBERTHAL.
Non!... et touché du remords qui m'accable,
Dieu voulut épargner ce forfait au coupable!
Des flots il sauva Berthe!

JEAN, *vivement.*
Et comment, parle?

OBERTHAL.
Hier,
Un de mes gens prétend l'avoir vue à Munster.

JEAN, *avec force.*
A Munster! à Munster!

OBERTHAL.
J'allais implorer d'elle
Et du ciel mon pardon; en tes mains me voilà!
J'ai tout dit, frappe!

JEAN, *aux soldats qui s'avancent la hache levée.*
Epargnez l'infidèle!

A part.
Berthe sur lui prononcera!
Les soldats emmènent Oberthal.

SCÈNE X.
JEAN, *seul.*
Remparts, que ma pitié n'osait réduire en cendre,
Vous qui me cachez Berthe, il faudra me la rendre.
Et vous, à qui je dois sa vie et mon bonheur,
Un aussi grand miracle ouvre mes yeux, Seigneur,
Et je ne doute plus!... Lumières éternelles,
Je vous suis!... Guidez-moi vers Munster!...

SCÈNE XI.
JEAN, MATHISEN, *accourant effrayé et entrant par la gauche de la tente.*

MATHISEN.
O terreur!

JEAN.
Qu'est-ce donc?... dans le camp d'où vient cette rumeur?

MATHISEN.
Toi seul peux désarmer ces cohortes rebelles,
Des portes de Munster, des guerriers sont sortis,
Et les nôtres par eux mis en fuite et détruits...

JEAN.
Courons!...

Suivi de Mathisen, il se précipite par la gauche hors de la tente. Le théâtre change et représente de nouveau le camp des anabaptistes.

SCÈNE XII.

Tous les Soldats *accourant en désordre.*

PREMIER CHOEUR.
Trahis, trahis,
Par lui, Munster nous fut promis.
Il dut par nous être conquis !
DEUXIÈME CHOEUR.
Il nous disait : la palme est prête,
Et quand il prédit sa conquête...
PREMIER CHOEUR.
Nos soldats, lâchement surpris,
Sont livrés à nos ennemis !
TOUS.
La mort ! la mort au faux prophète !
PREMIER CHOEUR.
Du haut des remparts de Munster
Jaillissent la foudre et le fer !
DEUXIÈME CHOEUR.
Oui, le ciel fait, sur notre tête,
Mugir et tomber la tempête !

Jean paraît en ce moment.

TOUS.
La mort ! la mort au faux prophète !
JEAN, *s'adressant aux soldats.*
Qui vous a, sans mon ordre, entraînés aux combats ?
TOUS, *montrant Mathisen.*
C'est lui !...
MATHISEN, *effrayé, montrant Zacharie.*
C'est lui !...
JEAN, *à Zacharie, Jonas et Mathisen.*
Perfides, que mon bras
S'adressant aux soldats.
Devrait punir !... Et vous, insensés que vous êtes,
Depuis quand au trépas ai-je voué vos têtes,
Sans y marcher devant vous ?
Du Dieu qui, dans ses mains, tenait les palmes prêtes
Votre rébellion excita le courroux !
Pour obtenir de lui la victoire... à genoux !
Peuple impie, à genoux !
Et sous son bras vengeur, coupables, courbez-vous.

Tous se mettent à genoux.

PRIÈRE *avec* CHOEUR.
Seigneur, qui vois notre faiblesse,
Dans la cendre mon front s'abaisse,
Car ton appui m'est retiré !
Seigneur, exauce ma prière,
Seigneur, apaise ta colère,
Pardonne à ton peuple égaré !

On entend dans le lointain un bruit de clairons et de trompettes.

Écoutez ! écoutez ! les clairons font entendre
Sur les murs de Munster leurs défis orgueilleux !
Dieu m'inspire,... Marchons !... sur vos fronts glorieux
La victoire va descendre !
TOUS.
Oui, c'est l'élu ! c'est le fils du Seigneur !
JEAN, *à part, avec amour.*
Berthe sera sauvée !
Haut avec exaltation.
Oui, je serai vainqueur !
Avec un délire religieux et comme inspiré.
Et toi qu' m'apparais, Dieu puissant ! Dieu vengeur !...
HYMNE DE TRIOMPHE.
Roi du ciel et des anges,
Je dirai tes louanges
Comme David ton serviteur !
Car Dieu m'a dit : Ceins ton écharpe
Et conduis-les dans le salut
Réveille-toi, ma harpe !
Réveille-toi, mon luth !

Victoire ! c'est Dieu qui m'envoie ;
Que sa bannière se déploie,
Que les monts tressaillent de joie
Et disent la gloire des cieux !
La main qui lance le tonnerre
Réduit les remparts en poussière !
L'Éternel est roi sur la terre,
L'Éternel est victorieux !
Regardant le jour qui commence à paraître au fond de la forêt
En marche ! en marche ! et combattez sans crainte,
Car Dieu nous suit de ses regards !
En marche ! en marche !... et devant l'Arche sainte,
Munster, tomberont tes remparts !

L'armée des anabaptistes se range en bataille et commence par défiler.

Guerriers, que la trompette
Annonce leur défaite ;
Que le clairon répète
Notre chant
Triomphant !

Victoire !...

CHOEUR.
Victoire ! c'est Dieu qui l'envoie ;
Que sa bannière se déploie,
Que les monts tressaillent de joie
Et disent la gloire des cieux !
La main qui lance le tonnerre
Réduit les remparts en poussière !
L'Éternel est roi sur la terre,
L'Éternel est victorieux !

Dans ce moment, le brouillard qui couvrait l'étang et la forêt, se dissipe ; le soleil brille et laisse apercevoir dans le lointain, au delà de l'étang glacé, la ville et les remparts de Munster, que Jean leur montre de la main. L'armée pousse des cris de joie, et incline devant lui ses bannières. La toile tombe.

ACTE IV.

Une place publique de la ville de Munster. A droite, la porte de l'hôtel de ville de Munster ; plusieurs marches y conduisent. Plusieurs rues aboutissent à la place publique. Au lever du rideau, plusieurs bourgeois, portant des sacs d'argent ou des vases précieux, montent les marches de l'hôtel de ville ; d'autres descendent les mains vides. Plusieurs arrivent par les différentes rues, s'avancent au bord du théâtre et forment des groupes. Ils regardent autour d'eux avec inquiétude et se parlent à voix basse.

SCÈNE I.

CHOEUR.
Courbons notre tête !
Craignons le trépas !
Voyant vers le fond une patrouille de soldats anabaptistes et criant à haute voix :
Vive le Prophète !
Vivent ses soldats !
A demi-voix sur le devant du théâtre.
A bas le Prophète !
A bas les soldats !
PLUSIEURS BOURGEOIS.
Ils ont pris d'assaut notre ville,
Nos murailles fument encor !
Et chacun doit, bourgeois docile,
Donner son argent et son or,
Sinon la mort !
TOUS, *avec terreur, à voix basse.*
Sinon la mort !
UN BOURGEOIS, *à un de ses voisins.*
Voisin, quelle nouvelle ?
L'AUTRE BOURGEOIS.

Elles sont des plus tristes !
Le Prophète ou Satan qui vient pour nous damner,
Dans nos murs va, dit-on, se faire couronner
Comme roi des anabaptistes !
PREMIER BOURGEOIS.
En es-tu sûr ?
DEUXIÈME BOURGEOIS.
Chacun le dit ici !
PREMIER BOURGEOIS.
Et quand donc ?
DEUXIÈME BOURGEOIS.
Aujourd'hui !
ENSEMBLE, *à voix basse.*
Courbons notre tête,
Craignons le trépas !
Voyant les soldats qui redescendent du palais et criant à haute voix :
Vive le Prophète !
Vivent ses soldats !
A voix basse.
A bas le Prophète !
A bas ses soldats !

SCÈNE II.

Pendant ce dernier chœur, une mendiante est entrée et s'est assise sur une borne au fond du théâtre. Les bourgeois prêts à quitter la place publique s'approchent d'elle.
PREMIER BOURGEOIS.
Assise sur cette humble pierre,
Femme, que fais-tu là ? redoute leur colère !
Va-t'en !
FIDÈS, *sortant la tête de son capuchon.*
Pourquoi ?... quels biens pourraient m'être ravis ?
Qu'a-t-on à perdre, alors qu'on a perdu son fils ?

ROMANCE.

1ᵉʳ COUPLET.
Donnez pour une pauvre âme,
Ouvrez-lui le paradis !
Donnez à la pauvre femme
Qui prie, hélas ! pour son fils !
Au sein de votre richesse,
Donnez, seigneur opulent !
Donnez pour dire une messe,
Hélas ! à mon cher enfant !
2ᵉ COUPLET.
J'ai faim, j'ai bien froid !... mais n'importe...
La tombe est plus froide encor !...
Et moi, bientôt glacée et morte....
Qui donc priera pour mon sort !

Donnez, donnez pour son âme !
Ouvrez-lui le paradis !
Donnez à la pauvre femme
Qui pleure, hélas ! sur son fils !
PREMIER BOURGEOIS, *montrant l'hôtel de ville.*
C'est l'heure, on nous attend, et si nous différons,
Il y va de nos jours !
Donnant, ainsi que plusieurs bourgeois, quelques pièces de monnaie à Fidès,
Tiens ! tiens !
FIDÈS.
Merci !
La cloche sonne de nouveau.
TOUS LES BOURGEOIS.
Courons !!!

SCÈNE III.

FIDÈS, UN JEUNE PÈLERIN *qui sort de la rue à droite, et marche avec peine*
FIDÈS.
Un pauvre pèlerin !... La fatigue, mon frère,
Semble vous accabler ?
LE PÈLERIN.

Dieu ! quelle est cette voix ?
FIDÈS.
Berthe !... Berthe !... Ces traits !...
BERTHE.
Fidès !... ma bonne mère !
FIDÈS.
Sous ces habits.... c'est toi que je revois !
Elles se jettent dans les bras l'une de l'autre, s'embrassent et semblent s'interroger sur la ritournelle du duo suivant.

DUO.

BERTHE.
Pour garder à ton fils le serment qui m'engage,
Vainement j'ai cherché le trépas dans les flots !
Un pêcheur m'a portée expirante au rivage,
Où des soins généreux m'ont cachée aux bourreaux !
Et plus tard j'ai couru ! j'ai revu ta chaumière !...
Où sont-ils ?... où sont-ils ? Disparus pour jamais !
Vers Munster j'ai tourné mon espoir ! Là naguère
Mon aïeul, vieux soldat, fut gardien du palais !
Seule, à pied.... j'ai bravé les dangers, la misère !
Cet humble habit l'éloignait de mes pas !
Et j'accours !... je te vois ! mon amie et ma mère !
Guide-moi vers ton fils !... conduis-moi dans ses bras !
FIDÈS, *à part.*
Pauvre fille !... comment faire
Pour apprendre ma misère,
Pour te dire qu'une mère
D'un fils pleure le trépas !
BERTHE, *avec joie et vivacité.*
Près de ton fils conduis-moi, bonne mère ;
Viens, hâtons-nous !... Ô bonheur ! ô transport !
FIDÈS, *de même.*
Mon fils !...
BERTHE, *voyant son trouble.*
En quels lieux est-il donc ?
FIDÈS, *sanglotant.*
Il est mort !
BERTHE, *poussant un cri.*
Mort !... mort !...
Moment de silence et de consternation.
BERTHE.
Dernier espoir, lueur dernière,
Qui pour jamais ont disparu !
Que faire encor sur cette terre ?
Mon bien-aimé, je t'ai perdu !
FIDÈS.
Un matin je trouvai dans mon humble logis
Des habits teints de sang... c'étaient ceux de mon fils.
Une voix s'écria : Le ciel voulait sa tête,
Tu ne le verras plus ! c'est l'arrêt du Prophète !
BERTHE.
Qui ? lui ! ce monstre, ce tyran !
Imposteur, qui remplit l'Allemagne de sang...
Et partout, devant lui, soulève la tempête !...
FIDÈS, *avec désespoir.*
Il a tué mon fils !...
BERTHE.
Punissons leurs forfaits !
FIDÈS.
Hélas ! tu ne peux rien, pauvre fille !
BERTHE.
Peut-être !
Si je puis seulement entrer dans son palais...
FIDÈS.
Eh ! que veux-tu ?
BERTHE.
Frapper le traître !
Avec exaltation.
Dieu me guidera !

Dieu m'inspirera!
Sa voix immortelle
M'anime et m'appelle!
Ma seule espérance
Est dans la vengeance...
Jean... réveille-toi!
Viens!... marche avec moi!

BERTHE.
Pour ce cruel point de clémence.
FIDÈS.
Prions même pour le méchant!
BERTHE.
Je ne lui dois que la vengeance.
FIDÈS.
Me rendra-t-elle mon enfant?
BERTHE.
C'est sauver l'Allemagne entière
Que du tyran la délivrer!
FIDÈS.
Peut-être a-t-il aussi sa mère,
Qui, comme moi, va le pleurer!
BERTHE.
Non, non, j'en ai fait le serment!
Jean!... tu seras vengé!
FIDÈS.
Comment?
BERTHE.
Adieu donc!
FIDÈS.
Reste encor!
BERTHE.
Dieu me guide!
FIDÈS.
A la mort!
BERTHE.
J'y compte! Dieu me guidera!
Dieu m'inspirera!
Sa voix immortelle
M'invite et m'appelle!
Ma seule espérance
Est dans la vengeance!...
Jean! réveille-toi!
Viens!... marche avec moi!

Berthe se précipite vers une des rues à gauche qui conduit du palais. Fidès, qui ne peut courir aussi vite, la suit de loin en tendant les bras vers elle.

Le théâtre change et représente la cathédrale de Munster.

Une partie de cortége est censée déjà entrée; l'autre moitié continue à défiler; au fond de l'église des trabans de la garde du prophète forment la haie. Marche des grands électeurs, portant l'un la couronne, l'autre le sceptre, l'autre la main de justice, celui-ci le sceau de l'État, et d'autres ornements impériaux. Jean paraît après eux, la tête nue et habillé en blanc. Il traverse la nef principale et se rend dans le chœur au maître-autel qui est dans le fond à droite et qu'on ne voit pas. Le peuple, qui est sur le devant du théâtre, veut se précipiter sur ses pas; il est repoussé par les trabans dans les chapelles latérales. Tous disparaissent. Fidès, qui vient d'entrer, est seule à gauche, à genoux, sur le devant du théâtre, ne s'occupant pas de ce qui se passe autour d'elle, et plongée dans la rêverie et la prière. Tout à coup, on entend un grand bruit d'orgues, de clairons et de trompettes. C'est le moment du couronnement.

CHŒUR, en dehors.
Domine salvum fac regem nostrum, prophetam!
FIDÈS, levant la tête.
Que Dieu sauve le roi prophète!
Disent-ils... Ce sont là leurs vœux!
Et moi, j'appelle sur sa tête
La juste vengeance des cieux!
Priant.
Grands dieux, exaucez ma prière!
Qu'errant, misérable et proscrit,
Il soit châtié sur la terre!
Que dans le ciel il soit maudit!

CHŒUR.
Domine salvum fac regem nostrum, prophetam!
FIDÈS, continuant.
Oh! ma fille!... Oh! Judith nouvelle,
Que s'accomplisse ton dessein!
Qu'en ta main, le glaive étincelle,
Et de leur roi frappe le sein!

CHŒUR.
Domine salvum fac regem nostrum, prophetam!

Les orgues jouent de nouveau. Les enfants de chœur et les jeunes filles entrent en chantant sur la marche suivante. Derrière eux, le peuple s'avance et couvre tout le théâtre.

CHŒUR.
Le voilà, le roi prophète!
Le voilà, le fils de Dieu!
A genoux!... courbez la tête
Devant son sceptre de feu!
UNE VOIX SEULE.
En son sein aucune femme
Ne l'a porté ni conçu!
Fils de Dieu, divine flamme,
Rayon du ciel descendu!
CHŒUR.
Le voilà, le roi prophète!
Le voilà, le fils de Dieu!
A genoux!... courbez la tête
Devant son sceptre de feu!

Sur le haut du grand escalier paraît Jean, couvert des habits impériaux, le sceptre en main, la couronne en tête. Derrière lui Jonas, Zacharie, Mathisen et ses principaux officiers. A son aspect tout le monde se prosterne. Seul, debout, au milieu de cette multitude, Jean descend lentement quelques marches d'un air pensif; puis il porte sa main à sa couronne et dit en se rappelant la prédiction du deuxième acte.

JEAN.
Jean! tu régneras!!! oui... c'est donc vrai!... je suis
L'élu, le fils de Dieu!...

En ce moment Fidès, qui est sur le devant du théâtre, à droite, vient de se relever. Elle seule et Jean se trouvent debout dans l'église. Elle regarde le nouveau roi et pousse un cri.

FIDÈS.
Mon fils!!!

Jean tourne les yeux de son côté, lui tend les bras et veut courir vers elle; mais au cri de Fidès, tout le peuple qui était à genoux s'est relevé, et s'éloigne avec indignation de cette femme sacrilége. Zacharie et Jonas se sont approchés d'elle et tirent leurs poignards; Mathisen, qui est près de Jean, lui dit à voix basse.

JONAS.
Si tu parles,
Lui montrant Fidès.
Sa mort!
JEAN, avec fureur.
Infâme!

Puis avec effroi et modérant son émotion, il se retourne vers sa mère et dit froidement.

Quelle est cette femme?
FIDÈS, avec indignation.
Qui je suis?...
Moi!... qui je suis?... Je suis la pauvre femme
Qui t'a nourri, t'a porté dans ses bras
Qui t'a pleuré, t'appelle, te réclame,
Qui n'aime enfin que toi seul ici-bas!...
Et toi! tu ne me connais pas!
L'ingrat ne me reconnaît pas!

ENSEMBLE.
CHŒUR DU PEUPLE.

Qu'entends-je ? ô ciel ! et quel mystère !
Faut-il en croire un tel aveu ?
Lui qui pour nous descend sur terre !
Lui ! l'envoyé... le Fils de Dieu !

CHŒUR DES ANABAPTISTES, *s'adressant à Fidès.*

Fraude coupable et mensongère
Que punira le Fils de Dieu !...
Ne bravo pas notre colère !...
Va-t'en, va-t'en de ce saint lieu !

JEAN, *s'avançant vers le peuple dont les murmures augmentent.*

Quelque erreur abuse son âme.
J'ignore, ainsi que vous, ce que veut cette femme !

FIDÈS.

Ce que je veux... ce que veut cette femme !
Elle voudrait... te pardonner, hélas !
Elle voudrait, même au prix de son âme,
Un seul instant te presser dans ses bras !
Et toi !... tu ne me connais pas !
L'ingrat ne me reconnaît pas !

ENSEMBLE.

CHŒUR DU PEUPLE, *montrant Jean.*

L'élu du ciel, le saint Prophète
Ne serait-il qu'un imposteur ?
Malheur à lui ! que sur sa tête
Éclate enfin notre fureur !

CHŒUR D'ANABAPTISTES, *menaçant Fidès.*

C'est trop souffrir, divin Prophète,
Et son blasphème et son erreur !
Livrez-la-nous ! que sur sa tête
Éclate enfin notre fureur !

A la fin de cet ensemble, Jonas et les anabaptistes, qui ont entouré Fidès, lèvent le poignard sur sa tête

JONAS, *prêt à frapper.*

Dieu nous commande son trépas !

JEAN, *s'élançant vers lui avec effroi.*

Arrêtez !...

FIDÈS, *avec joie.*

Il prend ma défense !

JEAN.

Qu'on respecte ses jours !... Ne voyez-vous donc pas
Que cette femme est en démence !

Fidès s'éloigne avec indignation.

Un miracle peut seul lui rendre la raison !

CHŒUR DE BOURGEOIS, *avec ironie.*

Tout est possible au roi-prophète !
Au fils de Dieu !

JEAN.

Que Dieu m'inspire donc !

S'approchant de Fidès.

Femme, à genoux !

FIDÈS, *avec fierté.*

Qui ? moi ?

Jean fait un geste impérieux. Elle s'incline.

JEAN, *posant la main sur la tête de sa mère.*

Que la sainte lumière
Descende sur ton front, insensée, et t'éclaire !

Avec intention.

Tu chérissais ce fils dont je t'offre les traits !

FIDÈS.

Si je l'aimais !...

JEAN.

Eh bien, que maintenant vers moi ton œil se lève !...
Et vous qui m'écoutez, peuple, levez le glaive !

Tous les assistants tirent leur épée et Jean continue en montrant Fidès.

Si je suis son enfant, si je vous ai trompés,
Punissez l'imposteur !... Voici mon sein... frappez !

S'adressant à voix haute à Fidès.

Suis-je ton fils ?

CHŒUR DU PEUPLE, *à Fidès.*

Parlez sans crainte et sans obstacle !

FIDÈS, *troublée et regardant Jean dont les yeux rencontrent les siens.*

Oui... la lumière brille à mes yeux obscurcis !

Passant au milieu du théâtre et avec force.

Peuple, je vous trompais !... ce n'est pas là mon fils.

Avec douleur.

Je n'en ai plus !

JONAS, *au peuple.*

O sublime spectacle !
Sa voix rend la raison aux insensés ...

LE PEUPLE, *poussant un cri.*

Miracle !

FIDÈS, *seule à droite du théâtre et pleurant.*

C'est lui ! c'est lui qu'il faut abandonner
Pour le sauver !

Jean parle bas à un officier, lui donne un ordre en désignant Fidès et s'éloigne en jetant un dernier regard sur sa mère.

FIDÈS.

Mon Dieu ! veillez sur lui !

LE PEUPLE, *entourant Jean qui part.*

Miracle !
Domine salvum fac regem nostrum, prophetam !

FIDÈS, *seule à part et poussant un cri.*

Et Berthe !... Berthe ô ciel !... qui veut l'assassiner.

Elle veut se précipiter sur les pas de Jean, Zacharie, Mathisen et Jonas l'arrêtent.

FIDÈS, *à part se tordant les mains de désespoir.*

En voyant Jean qui s'éloigne et qu'elle ne peut rejoindre.

Mon fils !... on va l'assassiner

CHŒUR DU PEUPLE, *se précipitant sur les pas du prophète.*

Miracle !

La toile tombe.

ACTE V.

Le théâtre représente un caveau voûté dans le palais de Munster. A gauche du spectateur, un escalier en pierre par lequel on descend dans le caveau. Au fond, au milieu du mur, une dalle saillante sur laquelle des caractères sont tracés. A droite, sur le premier plan, une porte en fer donnant sur la campagne.

SCÈNE I.

ZACHARIE. MATHISEN ET JONAS, *tous trois debout au lever du rideau.*

ZACHARIE et MATHISEN, *s'adressant à Jonas.*

Ainsi vous l'attestez ?

JONAS.

Oui, redoublant d'efforts,
Vers Munster l'empereur et s'avance et s'apprête
A foudroyer ses murs.

ZACHARIE et MATHISEN.

Comment fuir la tempête ?

JONAS, *baissant la tête et tirant un parchemin de sa poche.*

Il offre sauvegarde à nous, à nos trésors,
Si nous lui livrons le Prophète !
Qu'en dites-vous ?

TOUS LES TROIS se regardent un instant sans répondre, puis croisent les bras sur la poitrine et disent en baissant la tête.

Du ciel la volonté soit faite !

ZACHARIE et MATHISEN, *regardant vers l'escalier à gauche.*

Au haut de ces degrés ont brillé des flambeaux !

JONAS, *leur montrant la porte de fer à droite qu'il ouvre.*

Venez... par cette issue on sort de ces caveaux !

Tous trois sortent par la porte à droite qu'ils referment. Apparaissent sur les marches de l'escalier à gauche, plusieurs soldats ; l'un tient un flambeau, les autres entraînent Fidès. Les soldats montrent à Fidès un banc de pierre, lui font signe de s'asseoir et remontent par l'escalier ; tout cela s'exécute sur la ritournelle du morceau suivant.

SCÈNE II.
FIDÈS, *seule.*
RÉCITATIF.

O prêtres de Baal, où m'avez-vous conduite ?
Regardant autour d'elle.
Quoi ! les murs d'un cachot !... quoi ! l'on retient mes pas
Quand Berthe de mon fils a juré le trépas ?
Marchant avec égarement.
Laissez-moi ! laissez-moi ! du complot qu'on médite
Je veux le préserver !... c'est mon fils, c'est mon sang !...
S'arrêtant et avec indignation.
Non, non !... il ne l'est plus !... Devant toi, Dieu puissant
Et devant tes autels !... il renia sa mère !!!
Que sur son front coupable éclate le tonnerre !
Frappe... toi qui punis tous les enfants ingrats !
Poussant un cri d'effroi et levant les bras au ciel.
Non, non... grâce pour lui ! Dieu ! suspends ta colère !

CAVATINE.

Mon cœur est désarmé !
Mon courroux m'abandonne,
Ta mère te pardonne ;
Adieu, mon bien-aimé !
Je t'ai donné mon cœur, je t'ai donné mes vœux,
Et maintenant pour que tu sois heureux,
S'il te faut ma vie,
Je viens te la donner, et mon âme ravie
Ira, priant pour toi, t'attendre dans les cieux.
Mon courroux m'abandonne,
Mon cœur est désarmé !
Adieu ! je te pardonne ;
Adieu ! mon bien-aimé !

SCÈNE III.
FIDÈS, UN OFFICIER, *descendant par l'escalier à gauche.*
L'OFFICIER.
Femme, prosterne-toi devant ton divin maître.
Le roi prophète à tes yeux va paraître.
FIDÈS, *avec joie.*
Il vient !... je vais le voir !...
O doux espoir !...

CAVATINE.

Comme un éclair, ô vérité,
Que ta flamme,
Du fils ingrat, du révolté,
Frappe l'âme !
Qu'il soit dompté soudain
Comme l'airain
Par le feu !
Et toi, mon Dieu,
De ta céleste grâce enfin touche son âme !
Sainte phalange
Rends-lui son ange !
Esprit divin, descends vainqueur ;
De tes rayons perce son cœur.
Par le crime
Sous ses pas
Que le noir abîme
Ne s'ouvre pas !
Ah ! ma victoire est certaine

Et je ramène
Avec ferveur
Mon fils au sein d'un Dieu sauveur.

SCÈNE IV.
FIDÈS, JEAN, *habillé comme au quatrième acte, mais enveloppé d'un manteau et la couronne sur la tête. Il fait un signe à l'officier qui s'éloigne.*

DUO.
JEAN.
Ma mère !
FIDÈS, *avec dignité.*
Moi, ta mère !... il faut me le prouver !
Prophète et fils du ciel, tu n'es plus dans ce temple
Où, debout, tu m'osais braver ;
Et maintenant que Dieu seul nous contemple,
A genoux !...
JEAN, *tombant malgré lui à ses pieds.*
Ah ! pardon pour un fils égaré !
FIDÈS.
Mon fils !... je n'en ai plus ! le fils que j'ai pleuré
Était pur... Mais celui que la terre déteste,
Toi, que poursuit la colère céleste,
Toi, dont les mains sont empreintes de sang,
Tu n'es plus rien pour moi !... va-t'en, va-t'en !
Loin de mon cœur et de mes yeux, va-t'en !
JEAN.
Ma mère, hélas ! me maudit, me déteste,
Et son courroux est le courroux céleste !
Autour de moi cachez ces flots de sang,
Image horrible !... éloigne-toi... va-t'en !
Ah ! de mon cœur, remords vengeur... va-t'en !
Ah ! c'est mon seul amour qui m'a rendu coupable.
Je ne voulais d'abord, en ma juste fureur,
Que venger le trépas de Berthe et son honneur.
Et puis le sang versé nous rend impitoyable ;
Ces maîtres orgueilleux, ces tyrans insensés,
J'ai voulu les punir !...
FIDÈS.
Tu les as surpassés !
Aucun d'eux n'eût osé, sacrilège et faussaire,
Se dire fils du ciel et renier sa mère ?
Et toi, Prophète, à la terre funeste,
Toi qui bravais la colère céleste,
Sourd à l'honneur comme à la voix du sang,
Ingrat !... je te maudis, va-t'en ! va-t'en !
Loin de mon cœur et de mes yeux, va-t'en !
Jean se précipite à ses pieds en cachant sa tête dans ses mains.
Eh bien ! si le remords s'éveille dans ton âme,
Et si tu veux encore être digne de moi,
Renonce à ton pouvoir, à ceux qui t'ont fait roi !
JEAN.
Déserter mes soldats !...
FIDÈS.
C'est Dieu qui te réclame !
JEAN.
Par eux je fus vainqueur !
FIDÈS.
Par eux tu fus infâme !!
JEAN.
Ils diront que j'ai fui !...
FIDÈS, *levant la main au ciel.*
Vers le ciel, vers l'honneur !

CAVATINE.

A la voix de ta mère
Le ciel peut se rouvrir !
Dieu n'a plus de colère
Devant le repentir !
Par lui, je te l'atteste,
Tes crimes s'oublieront,

Et le pardon céleste
Descendra sur ton front !
Jean retire de sa tête la couronne, qu'il pose sur la table de pierre, près de lui.

FIDÈS.

Oui... oui, mon fils !... ce nom si tendre,
Mon cœur est prêt à te le rendre !
Avec tendresse.
Mon fils !... mon fils !...

ENSEMBLE.

FIDÈS, *avec entraînement.*

Il en est temps encor,
Sois à ma voix fidèle ;
De toi dépend ton sort !
Le Dieu du ciel t'appelle ;
Si la vertu par lui
Obtient noble couronne,
Au repentir aussi
Ce Dieu clément la donne !

JEAN.

Quoi ! je pourrais encor,
Moi, si longtemps rebelle,
Changer enfin mon sort !
A lui Dieu me rappelle !
Oui, oui, je crois en lui !...
La céleste couronne
Au repentir aussi
Ce Dieu clément la donne !

FIDÈS, *d'un ton impérieux.*

Tu vas quitter ce palais.

JEAN.

Je le jure !

FIDÈS.

Nous chercherons tous deux quelque retraite obscure
Où, de tous oublié, près de moi tu vivras !

JEAN.

Et Berthe ?

FIDÈS.

Dès demain elle suivra nos pas !

JEAN, *avec ivresse.*

Elle existe ?... partons ! Dieu vous guide et m'éclaire !

FIDÈS.

Elle existe et te garde un éternel amour !

JEAN.

Protégé par vous deux, vous dites vrai, ma mère,
Le ciel pourra m'absoudre un jour !

ENSEMBLE.

JEAN.

Il en est temps encor ?
Moi si longtemps rebelle !
Etc., etc.

FIDÈS.

Il en est temps encor !
Sois à l'honneur fidèle !
Etc., etc.

SCÈNE V.

LES MÊMES, BERTHE, *habillée de blanc et tenant un flambeau à la main ; elle entre par la porte à droite.*

BERTHE, *s'avançant vers le mur du fond et touchant la dalle de pierre qui s'ouvre.*

Voici le souterrain ! Et la dalle de pierre.

JEAN, *à part.*

O ciel !

FIDÈS, *allant à elle.*

Berthe !

BERTHE, *poussant un cri.*

Fidès !

FIDÈS.

Ici que viens-tu faire ?

BERTHE, *s'adressant à Fidès.*

Par mon aïeul, gardien du palais de Munster,
Je savais les amas de salpêtre et de fer
Cachés dans ce caveau !
Montrant le flambeau qu'elle tient.
Cette flamme propice
Peut, en quelques instants, embraser l'édifice !
Ce Prophète et les siens, et moi-même avec eux !

FIDÈS.

Que dit-elle ? grands dieux !
Se retournant avec effroi vers Jean.
Mon fils !

BERTHE, *apercevant Jean et poussant un cri.*

Ah ! qu'ai-je vu ?
Courant à lui.
Mon bien-aimé... C'est toi qui m'es rendu !

TRIO.

BERTHE, *à Jean.*

Combien ma douleur fut amère !
Je t'ai cru tombé sous les coups
De ce Prophète sanguinaire...

FIDÈS, *s'élançant pour la faire taire.*

O ciel !

JEAN, *qui est placé entre les deux femmes, retient sa mère, et lui dit à voix basse.*

De grâce !... taisez-vous !

BERTHE.

Ce monstre en horreur à la terre,
Ce monstre aux enfers destiné !

JEAN, *bas à sa mère, pendant que Berthe remonte le théâtre.*

Ah ! vous m'aviez trompé, ma mère !
Le ciel ne m'a pas pardonné !

BERTHE, *revenant près de Jean qu'elle presse contre son cœur.*

Quel ange a préservé ta vie ?
Qui t'a soustrait à sa furie ?
A son regard qui porte le trépas ?

FIDÈS, *voulant la faire taire.*

Berthe !

JEAN, *bas à sa mère avec désespoir.*

Ne me trahissez pas.

FIDÈS, *à Berthe.*

Si l'on nous entendait !

JEAN, *à sa mère, pendant que Berthe remonte le théâtre.*

Qu'elle ignore mon crime.
Si je perds son amour, si je perds son estime,
Croyez-le bien, je n'y survivrai pas !

BERTHE, *regardant avec attention du côté de l'escalier.*

Non !... Personne !
Redescendant et revenant près de Jean.
Si tu savais
Qu'au péril de mes jours, de mon honneur, peut-être,
J'ai pénétré dans ce palais !
Pour venger ton trépas, pour immoler ce traître !

JEAN, *avec désespoir.*

Qui l'a trop bien mérité !

BERTHE, *avec conviction, et lui saisissant la main.*

N'est-ce pas ?
Mais que du moins le ciel, à défaut de mon bras...

FIDÈS, *vivement.*

Ah ! ne le maudis point !

BERTHE, *étonnée.*

Lui !

FIDÈS.

Ne maudis personne !
J'ai retrouvé mon fils, la haine m'abandonne !
Partons.

BERTHE, *à Jean, qu'elle entraîne.*

Loin du tyran... Viens ! dirige nos pas !

JEAN, *bas à sa mère.*

Pitié ! ne me trahissez pas !

ENSEMBLE.
Loin de la ville,
Qu'un humble asile,
Qu'un sort tranquille,
Comble nos vœux !
Douce retraite,
Sombre et discrète,
Qui nous permette
De vivre heureux !

JEAN, *courant ouvrir la porte de droite.*
Partons !... Cette porte secrète
Donne sur la campagne, et nous permet de fuir !

FIDÈS, *écoutant près de l'escalier à gauche.*
On vient !... on vient !...

BERTHE, *avec effroi se tenant près de Jean.*
O ciel ! être heureuse et mourir !

JEAN, *la pressant contre son cœur.*
Va, ne crains rien !... Je sauverai ta tête !

BERTHE, *avec terreur.*
Si c'était le Prophète !
Entourant de ses bras Jean qui tressaille.
O ciel !

SCÈNE VI.
LES MÊMES, UN OFFICIER, *suivi de plusieurs soldats, descend précipitamment l'escalier à gauche.*

L'OFFICIER, *courant près de Jean.*
On t'a trahi !
Par ruse, en ce palais, s'est glissé l'ennemi !
Berthe le regarde avec effroi et avec étonnement.
L'Officier s'adressant toujours à Jean.
Ils veulent t'immoler au milieu de la fête
De ton couronnement... Viens les punir, Prophète.

BERTHE, *à ce mot, pousse un cri terrible.*
Ah !
Elle s'éloigne vivement de Jean qu'elle contemple avec effroi
O spectre épouvantable !
O terre, entr'ouvre-toi !
A Jean qui fait un pas vers elle.
Fuis !... Que la main coupable
N'approche pas de moi !
Ton sceptre fut un glaive,
Tes droits sont des forfaits !
Et le sang qui s'élève
Nous sépare à jamais.

ENSEMBLE.
FIDÈS.
O moment qui m'accable
Et d'horreur et d'effroi !
Grâce pour le coupable !
S'il le fut, c'est pour toi !
Son pardon fut un rêve
Qu'en mon cœur j'espérais;
Mais le sang qui s'élève
Les sépare à jamais !

JEAN.
O tourment effroyable !
O terre, entr'ouvre-toi !
Point de grâce au coupable !
Plus de repos pour moi !
Mon sceptre fut un glaive,
Mes droits sont des forfaits !
Et le sang qui s'élève
Nous sépare à jamais !

FIDÈS, *voulant entraîner Jean.*
Tu l'as promis. Partons ! viens, il faut nous presser !

JEAN.
Non ! je reste à présent ! à la mort je me livre !
Berthe sait mes forfaits, qu'ai-je besoin de vivre ?
Berthe m'avait maudit, Dieu devait l'exaucer !

ENSEMBLE.
FIDÈS.
O tourment qui m'accable
Et d'horreur et d'effroi !
A Berthe.
Grâce pour le coupable !
S'il le fut, c'est pour toi !
Son pardon fut un rêve
Qu'en mon cœur j'espérais,
Mais le sang qui s'élève
Les séparé à jamais !

BERTHE.
O spectre épouvantable !
O terre, entr'ouvre-toi !
Fuis !... Que la main coupable
N'approche pas de moi !
Ton sceptre fut un glaive,
Tes droits sont des forfaits !
Et le sang qui s'élève
Nous sépare à jamais !

JEAN.
O tourment effroyable !
O terre, entr'ouvre-toi !
Point de grâce au coupable !
Plus de repos pour moi !
Mon sceptre fut un glaive,
Mes droits sont des forfaits !
Et le sang qui s'élève
Nous sépare à jamais !

BERTHE.
Je t'aimais, toi que je maudis;
Je t'aime encor peut-être... et m'en punis !
Elle se frappe d'un poignard et tombe dans les bras de Fidès.
Jean pousse un cri et se jette à ses pieds. Berthe détourne ses regards de Jean, prend la main de Fidès et lui dit en montrant son fils.
Séparés à jamais sur terre,
Qu'il se repente, ô ma mère !
Pour que je puisse au moins le revoir dans les cieux !

JEAN, *avec désespoir:*
Aux soldats leur faisant signe d'emmener sa mère et Berthe
Morte !... Mortel. Partez. Moi, je reste en ces lieux !
Reprenant la couronne qui est restée sur la table de pierre et la remettant sur son front.
Je reste pour punir les coupables !

FIDÈS, *qu'on entraîne malgré ses efforts.*
Mon fils !

JEAN, *aux soldats, leur montrant Fidès.*
Veillez sur elle. Adieu, ma mère, adieu.

FIDÈS, *qu'on entraîne.*
Mon fils !

JEAN, *regardant la porte qui vient de se refermer sur Fidès.*
Elle est sauvée !... Allons !
Il regarde le caveau que Berthe a montré au commencement de la scène et dit après un instant de réflexion en se désignant lui-même.
Oui, tous seront punis !
Jean remonte vivement par l'escalier à gauche.
Le théâtre change.

La grande salle du palais de Munster. Une table placée sur une estrade s'élève au milieu du théâtre. On monte de chaque côté par des degrés. Autour de l'estrade circulent des pages, des valets portant des vins et des corbeilles chargées de fruits. Au fond, à droite et à gauche, de grandes grilles en fer conduisant en dehors du palais. Jean est assis, seul, pâle et triste, devant une table couverte de mets, de vins et de fleurs, où étincellent des vases d'or. De jeunes filles le servent, d'autres dansent *autour de la table, pendant que des anabaptistes, hommes et femmes, célèbrent les louanges du Prophète. De tous côtés des flambeaux étincellent, des lustres brillent au plafond.*

CHOEUR.

Hourra ! hourra ! gloire au Prophète !
A ses élus, transports joyeux !
Hourra ! hourra ! plaisir et fête !
A nous les voluptés des cieux !

Les danses et les chants redoublent. Plusieurs officiers qu'on a vus à la scène précédente, dans le souterrain, montent à gauche et à droite les degrés de la table et viennent, à voix basse, apporter des nouvelles au Prophète.

JEAN, *aux officiers.*

Ils viennent, dites-vous ?
A l'un des officiers à gauche.
Tu sais mes ordres.... va !

L'officier descend les marches de l'escalier et sort. Jean s'adressant aux officiers qui sont à droite.

Vous, dès qu'en ce palais entreront leurs soldats,
Que ces grilles de fer se ferment sur ce gouffre
D'où jailliront bientôt et l'airain et le soufre !..
Puis, hâtez-vous de fuir, loin de ces lieux maudits,
Vous, mes seuls... mes derniers amis !

Les officiers descendent et disparaissent ; Jean se lève, saisit une coupe, et s'adressant aux anabaptistes qui l'entourent.

JEAN, *levant sa coupe.*

Versez ! que tout respire
L'ivresse et le délire !
Que tout cède à l'empire
De ce nectar brûlant !
Ah ! la céleste fête !

Voyant Zacharie, Jonas et Mathisen, qui entrent en ce moment par la grille à gauche.

Compagnons du Prophète,
La récompense est prête
Et le ciel vous attend !

Faisant signe à Jonas, à Mathisen et à Zacharie de s'asseoir près de lui.

O vous, mes ministres de mort !
A qui je dois ce sceptre auguste,
Venez !... car je suis un roi juste,
Venez et partagez mon sort !

Mathisen, Jonas et Zacharie montent se placer aux côtés du Prophète.

JEAN.

Versez ! que tout respire
L'ivresse et le délire !
Que tout cède à l'empire
De ce nectar brûlant !

De droite et de gauche les portes s'ouvrent. On voit s'élancer l'épée à la main l'évêque de Munster, l'électeur de Westphalie, les principaux officiers de l'armée impériale et les princes de l'empire. D'un autre côté entrent les anabaptistes qui ont livré le Prophète, et qui viennent se ranger autour de Zacharie.

JEAN, *les regardant sans quitter la table, et levant sa coupe.*

O la céleste fête !
Venez près du Prophète ;
La récompense est prête
Et l'enfer vous attend !

ZACHARIE, *montrant Jean et s'adressant aux princes de l'empire.*
Je le livre en vos mains.

JEAN, *le regardant avec fierté.*
Merci, Judas nouveau !

On entend fermer en dehors les grandes grilles du fond, les seules par lesquelles on puisse sortir de la salle.

JEAN, *à voix haute.*
Que ces portes d'airain soient celles du tombeau !

ZACHARIE, MATHISEN et JONAS.
Le tyran est à nous !

JEAN.
A Dieu seul j'appartiens !

OBERTHAL.
Il est en mon pouvoir !

JEAN.
Vous êtes tous au mien !

Une grande explosion se fait entendre, un pan de muraille s'écroule au fond du théâtre, et les flammes se font jour de tous côtés.

N, *s'adressant aux anabaptistes épouvantés qui voudraient et ne peuvent fuir.*

Vous, traîtres !
A Oberthal et à tous les princes de l'empire.
Vous, tyrans, que j'entraîne en ma chute.
Dieu dicta notre arrêt !.. et moi, je l'exécute !
Un second pan de mur s'écroule.
Tous coupables !.. et tous punis !!

En ce moment une femme, les cheveux épars et le corps sanglant, se fait jour à travers les décombres, et vient tomber dans les bras de Jean, qui pousse un cri en reconnaissant sa mère.
Ah !..

FIDÈS.
Oui... c'est moi
Qui viens te pardonner et mourir avec toi !

ENSEMBLE.

OBERTHAL *et les seigneurs.*

O fureur ! ô délire !
Contre nous tout conspire !
S'adressant à chacun des anabaptistes.
C'est toi qu'il faut maudire !
Impie et mécréant !
Le feu gagnant le faîte
Nous ferme la retraite !
Ah ! notre mort s'apprête
Et l'enfer nous attend !

FIDÈS.

Cessez de le maudire !
Repentant il expire !
Flambeaux, venez luire ;
Tombez, palais fumant !

JEAN.

O la sanglante fête !
Compagnons du Prophète,
La récompense est prête
Et l'enfer vous attend !

JONAS, MATHISEN, ZACHARIE.

O fureur ! ô délire !
Contre nous tout conspire !
S'adressant à chacun des seigneurs.
C'est toi qu'il faut maudire,
Implacable tyran !
Le feu gagnant le faîte
Nous ferme la retraite !
Ah ! notre mort s'apprête
Et l'enfer nous attend !

L'incendie, qui a redoublé, éclate dans toute sa fureur ; Jean s'est jeté dans les bras de sa mère, qui élève ses yeux vers le ciel. Tout s'embrase ; le palais s'écroule. La toile tombe.

FIN